CONTENIDO.

<u>*PROLOGO*</u>

A través del tiempo se han quedado en el limbo ciertos sucesos históricos de los cuales ha marcado nuestra existencia como evolución, corrección, aprendizaje y desarrollo con los eventos acontecidos por nuestro antecesores que sin más han dejado en el espacio y tiempo formas de vivencias existenciales de sobrevivencia, así como medios de solución de inconformidades a los hechos de injusticia y demás acontecimientos que nos han marcado como seres y sin duda alguna como nación.

Por lo que al margen del presente desarrollo literal tratare de sumergirnos en un fragmento de la historia en el que más allá de estudiar, nos adentraremos en acontecimientos tan asombrosos como reales a través de hechos narrativos por los ciudadanos actuales de la ciudad de juan Aldama

Chihuahua, chihuahua; como por investigaciones relevantes que nos llevaran a una verdad absoluta.

INTRODUCCIÓN

En principio no había nada, más el hecho de un desarrollo histórico que a través del tiempo la naturaleza misma nos ira sumergiendo en lo que por hoy dejamos fuera como principio fundamental, la historia, un reflejo de nosotros mismos ya que del pasado nació el presente, y del presente depende el futuro.

Grandes ideales y formas de lucha se han generado al paso de las líneas de tiempo en el que sin duda, de alguna manera, cada uno nos ha dejado en el interior de nuestro ser el querer ser.

El desarrollo de libertades, democracia, liderazgos, formas de gobierno, asentamientos, luchas, convenios, tratados, constituciones, comitivas, en fin cada parte del hecho objetivo y sustantivo que se ha desenvuelto a través de nuestro tiempo no ha tenido errónea alguna, si no que de tal manera está escrito y así se ha desarrollado como parte de sostén en la amnistía histórica de desacierto que se tuvieron a bien para aprender y de los aciertos mayoritarios que aún son aplicables a nuestro diario vivir.

Es así que sin menos y parte de este gran contexto histórico, en algún lugar ubicado al noroeste de la ciudad capital de la entidad federativa de chihuahua, se encuentra la gran cd. De juan Aldama chihuahua, chihuahua; Pueblo que siguiendo el espíritu inalcanzable de lucha ha logrado llegar a ser un gran desarrollo turístico, económico, agrícola, ganadero e industrial; Sin dejar al lado la gran carisma que se resguarda en el corazón de cada uno de los habitantes de la región y la calidez humana con la que se distinguen.

Pero para ello conoceremos como es que san jerónimo se ha convertido en lo que es hoy la cd. De Aldama chihuahua y como es que sus pobladores subsistieron a diversos acontecimientos que sin duda y de gran manera marcaron la historia, su historia, nuestra historia.

1. DESENLACE HISTORICO

1.1. SUS INICIOS

La ciudad de juan Aldama chihuahua, chihuahua se encuentra al lado noroeste de la ciudad de chihuahua, chihuahua en el cual data sus orígenes, donde principalmente estaba cubierto de agua donde arqueólogos han encontrado diversos restos fosilizados marítimos en los cuales dentro de ellos se encuentra los caracoles amonitas, de los cuales nos deja en vista de lo mucho en lo que podemos explorar y encontrar de la verdad histórica.

Mas sin embargo, el origen de la fundación de lo que se conoce hoy como la ciudad de juan Aldama, se da el 7 de agosto del año de 1671 en donde el entonces capitán pedro cano de los ríos denuncia dicho establecimiento de aquel entonces, con dos sitios de cría de ganado además de diversas consideraciones de aquel tiempo para su debida administración y desarrollo. No es hasta el año de 1717 en el que los religiosos jesuitas fundaron en este sitio, sitio y tierra de los franciscanos, un pueblo de misión, todo con el fin de evangelizar a los indígenas conchos y chinarras en el que ambas etnias radicaban en la región, por lo que a ello surge la gran necesidad de poner un nombre por lo que se le denomino san jerónimo, nombre original de la población conocida actualmente como cd, Aldama chihuahua.

No obstante para comprender un poco más de las civilizaciones que radicaron en la región y de las cuales actualmente son extintas, adentraremos a un poco de su Historia y de quienes fueron dichos grupos étnicos.

<u>*1.2. GRUPO INDIGENA CONCHOS*</u>

Este grupo como muchos tanto en el país de México son el ejemplo de la gran diversidad existente que tenemos en nuestro estado y del cual es nuestro deber adentrarnos a conocer a quienes denomino NUESTROS ANTEPASADOS, ya que gracias a sus técnicas en el desarrollo del habitad, conocimientos previos en el manejo de terrenos escabrosos pero también hermosos, así como también, la ubicación en el ámbito territorial en cerros, arroyos, ríos, etc... que a través a tiempo fueron transmitiendo sus enseñanzas y así poder coexistir en un hermoso equilibrio. Además sus invenciones hasta el día de hoy nos dejan maravillados al percatarnos de que a base de la gran necesidad de sobrevivir iniciaban en la búsqueda de aquello en lo que al final de cuentas descubrían para encubrir su existencia.

Así bien los conchos, fueron una etnia del norte de México y sur de estados unidos, pertenecientes al tronco autoazteca y de los cuales se sabe en conocimiento que pertenecían a una vida seminomada y a pesar de ello decidieron el establecimiento en estas tierras.

Por lo que se refiere a las investigaciones realizadas esta etnia habitaban el área de la cuenca del rio conchos y hasta el rio bravo en el norte de chihuahua.

En la denominación del nombre que se le da a esta etnia se le considera por el hecho en el que en el rio conchos era rico en restos de conchas y los indígenas habitaban sus riveras.

1.3. EL GRUPO DE LOS CHINARRAS

Sobre este mismo marco histórico nos encontramos con una de las etnias más reconocidas por los habitantes de la actualidad de los cuales se les denomina los chinarras, este tipo de etnias, así como los conchos, su forma habitual de supervivencia era la recolección, así como también la caza, por lo que se le conocía a la entidad en aquel tiempo más comúnmente el venado blanco, relacionados culturalmente con algunos grupos indígenas vecinos del norte de México.

Como anteriormente lo describo en el presente desarrollo literario una de sus características principales fueron sus herramientas empleadas para todo tipo de subsistencia tal es el caso del Arco que fueron utilizados para la caza de ciervos, conejos, aves y otros animales silvestres, así como trampas para el mismo uso de tamaño pequeño.

Para el significado dado a estos antecesores de la región "menciona que de acuerdo con Alfredo y Carlos carabeo la palabra chinarras tiene como raíz los vocablos españoles del siglo XVI y XVII china y arras. Por lo que en su conceptualidad respectiva se le define como (PENDIENTE DE PIEDRA QUE ES DADO EN SEÑAL DE UN TRATO)".

Dado a este concepto considero que fuese cual fuese las aceptaciones y hechos que dieron lugar al concepto en el que se le denomino, y la derivación de su clasificación   de la entidad, también aludo que si bien eran, y serán los que por hoy se les reconoce y se les reconocerá los acontecimientos que alojan a esta ciudad de hoy Aldama chihuahua y de la cual se le conmemora de una manera especial y con total agradecimiento por sus aportaciones y enseñanzas.

1.3 DESARROLLO TRÁGICO

Como hemos visto a lo largo del tiempo no todo lo que brilla es oro, o como, comúnmente lo conocemos, no todo es vida y dulzura, pues es el caso de las etnias de los conchos y las chinarras que se encontraban habitando la región, pues se ideologizaba por parte de apaches que esta porción de tierra era originalmente suya. Por lo que al quererlo retomar para el año de 1769 del día 22 de octubre respectivamente estos atacaron a san jerónimo y respectivamente a la misión ubicada en santa Ana de chinarras, por lo que en consecuencia del ataque se dio por resultado 49 muertos y 10 prisioneros, además de la justificada huida por el resto de la población hacia la ciudad de chihuahua, chihuahua, por lo que a ello y por ende de los hechos acontecido se arraso por completo con las poblaciones desarrolladas hasta entonces, quedando de tal manera la región, la población, las tierras de san jerónimo totalmente despobladas.

1.4 EL REPOBLADO DE LA YA CD.

JUAN ALDAMA CHIHUAHUA

Es así que durante una desolación que embargo san jerónimo y la soledad investida a santa Ana de chinarras, por un lapso de casi 20 años, 14 para ser exactos, puesto que no sería hasta el año de 1783 cundo el general Felipe de Neve, le da la gran tarea al capitán juan Gutiérrez de la cueva que por primordial actividad se repoblara la ciudad de san jerónimo, por lo que este emprendió dichosa tarea en la que se consumió en tiempo y forma.

Más sin embargo fue hasta 1820, 30 años después de dichoso acontecimiento, en el que san jerónimo se constituye como ayuntamiento siguiendo los lineamientos enmarcados y jurídicamente establecidos por la constitución de Cádiz. Mas sin embargo para el 27 de septiembre de 1821, tiempo en el que se consagra la consumación de la independencia de México, y una vez establecida la entidad federativa de chihuahua, para el 7 de septiembre de 1826, 5 años posteriores, el congreso de chihuahua estableció por decreto en el que san jerónimo se denominara oficialmente, como la ciudad de juan Aldama chihuahua, chihuahua, en honor del héroe insurgente juan Aldama, fusilado en la ciudad de chihuahua de 1811.

<u>*1.5 BIBLIOGRAFÍA DE JUAN ALDAMA*</u>

Para comprender un poco más a fondo del porque en aquel entonces se le denomino con gran ímpetu e importancia a la ciudad como juan Aldama chihuahua, chihuahua, he aquí nos adentraremos a una pequeña bibliografía y narrativa por la que sabremos el motivo por el que se le asigno dicho nombre.

"Juan Aldama nació el 3 de enero de 1774 en San Miguel el Grande (actual San Miguel de Allende, en el estado de Guanajuato).

Cuando comienza la guerra de Independencia, era capitán del regimiento de caballería de las milicias de la reina en su pueblo. En 1809 toma parte en la conspiración que en Valladolid dirigieron García Obeso y Michelena.

Junto a su hermano Ignacio participó en las juntas secretas de Querétaro en 1810 en la casa del corregidor Domínguez, y en las de San Miguel.

El 10 de septiembre de ese mismo año, la conspiración de Querétaro es descubierta por denuncia del capitán Joaquín Arias de Celaya. El 13 de septiembre hubo otra denuncia, en la que se implicaba como conspiradores a los hermanos Emeterio y Epigmenio González, así como al corregidor Domínguez, de Querétaro. Este se percató y ordenó registrar las casas de los hermanos González, en busca de armas. La esposa del corregidor, Doña Josefa Ortiz de Domínguez, avisa a Ignacio Allende enviando un correo a San

Miguel. El enviado de la corregidora informó al capitán Juan Aldama que la conspiración había sido descubierta. Aldama se entrevista con Miguel Hidalgo y Allende. Los tres llegan a la conclusión de que había que adelantar el movimiento. En la madrugada de ese día, 16 de septiembre de 1810, Hidalgo mandó llamar al pueblo mediante un rebato de campanas y así se inicia la revolución. El 17 siguiente, se nombra una junta directiva en San Miguel el Grande, Aldama fue presidente, siendo el primer gobierno de los insurgentes.

Juan Aldama fue ascendido al grado de teniente general, grado con el que participó en las desastrosas batallas de Aculco y Puente de Calderón, en 1811.

Tras la derrota sufrida por contra los realistas de Calleja, se inició la retirada hacia el norte, acompañando Juan Aldama a los cabecillas, hasta Acatita de Baján, en donde todos fueron aprehendidos, por la traición de Elizondo. Hidalgo, Allende, Aldama, Jiménez y otros jefes fueron remitidos a la ciudad de Chihuahua, donde el tribunal militar debería juzgarlos por rebeldía.

Fue sentenciado a morir y fue fusilado el 26 de junio de 1811 en compañía de Allende, Mariano Jiménez y Manuel Santa María."(2)

Es así que por tal desenlace histórico que nos enmarco nuestro pasado y se desarrolló nuestro presente, así como ayudará a nuestro futuro, es por ello, que se le genera tan honor reciproco a que a la entidad se le denominara, Aldama chihuahua, así como que al gran constituyente fuese ese lugar como asignación de su existencia pura.

En los siguientes años abarcando el siglo XIX, la ciudad de Aldama, fue una pequeña región dedicada especialmente a la agricultura, y así empezar poco a poco la evolución económica como el empuje social y cultural a la que se alude.

1.6. LA ETAPA REVOLUCIONARIA

No obstante como en todo el entorno nacional mexicano, en la rebeldía que nacía del pueblo de este, no solamente por la etapa porfirista, de la cual nos abarco más de 30 años, iniciando en el año de 1876 un 28 de noviembre y culminando un 25 de mayo de 1911, tiempo en el cual, surgieron en el territorio nacional diversos caciques en el que el pago de raya se convirtió en un negocio invaluable, ya que Porfirio Díaz perdía relaciones políticas nacionales y extranjeras por lo que la economía del país para los grandes hacendados se veía perjudicada a lo que los medios más aptos para estos, los hacendados, era el de sobrepasar sus facultades de patrones a esclavizadores, y en el que los peones como esclavos, con cuentas infinitas en las cuales nunca veían su fin, así surgía la gran necesidad de vender sus tierras por lo que llegaban a ser dueños de nada, ni si quiera de la tierra que pisaban, ni trabajaban.

En lo que a esto se refiere la ciudad de juan Aldama chihuahua, no era la excepción y así emergen los nombres de los grandes caciques de estas tierras, como los terrazas/Creel, francisco robles, etc... que sin bien fueron aportadores en el desarrollo del panorama Aldamence por lo que se sitúa en lo que es hoy por parte, también lo es, que la mayor gracias e ímpetu es no por menos de los trabajadores, peones que en aquel entonces servían, ya que sin ellos aunque sea por costales de oro no se pudo haber realizado nada de lo que por desarrollo sustentable económico tuvo lugar a esta ciudad de Aldama como lo fue el ferrocarril, aportación de la época porfirista, pero empleada por manos de obreros, de gente de bronce, gente trabajadora, valiente, decidida y admirable.

Es así que surge el descontento de los pobladores en aquel entonces, por lo que toman la sabia decisión de ratificar su unión a la que no menos es la salvación, un resultado final de quietud, de la equidad, la oportunidad de un futuro mejor y próspero para nuestros hijos, ese potente eco de grito de desesperación por lo que se estaba viviendo, pero también de esperanza porque sin duda alguna, la esperanza es lo único que muere al último, y que para ellos eso significaba la revolución mexicana la lucha por libertad, igualdad, amor, educación; que a pesar de lo difícil que fuese no desistir, como bien decían los villistas "ai riata no te revientes que es el último jalón".

Por lo que se refiere al párrafo anterior surgieron grandes héroes revolucionarios, en los que destacan, Medardo molinar, francisco Arzate, general miguel Saavedra, por quien se le reconoce uno de los iniciadores y fundador de la gran división del norte de mi general francisco villa.

A todo esto alude el acontecimiento ocurrido en la ciudad de Aldama, puesto que en el año de 1911 el día 1 de abril, tuvo lugar un combate entre revolución maderista y soldados de la guarnición del ejército mexicano, siendo derrotadas las fuerzas revolucionarios y siendo muerto en batalla el jefe, francisco portillo. Es así que en consecuencia de este acontecimiento la ciudad de Aldama tiene a bien realizar un monumento a los soldados revolucionarios muertos en la población y en el que se le denomino "MONUMENTO A LOS MARTIRES DE ALDAMA".

2. LA YA NUEVA JUAN ALDAMA CHIHUAHUA.

Es así que hemos llegado al desarrollo comunitario de la ciudad de Aldama, y su gran progreso industrial, comercial, ganadero, agrícola, en el que se sustenta la vida cotidiana de los habitantes y por el cual al alojarse en los adentros de la ciudad no cabe más que sentirse acogido por sus atenciones, amabilidades, generosidad, empatía, educación, y sobre todo paz, que embarga a cada uno de los seres que sustentan la región; Es por ello en el que fue un gran inicio en la conversión de este libro en lo que embarco, un poco de tanto en lo que tenemos que aprender, pero sobre todo en lo que nunca hay que olvidar, LA HISTORIA, una trascendencia conmemorativa por aquellos que nos antecedieron y que dejaron huella en sus murales, pensamientos, luchas, ideales, formas de vida y demás características en las que se desarrollan para ser lo es hoy, nuestro estado mexicano, nuestra entidad federativa de chihuahua y por supuesto, nuestra ciudad de Aldama chihuahua, chihuahua, es por ello el dar la importancia y honor a quien lo merece.

No menos importante que es la mitad del camino recorrido hay mucho que hacer para preservar su gran belleza natural, preservar así mismo sus costumbre, no dejar que marchiten por el transcurso del tiempo por el concepto del bien vivir y que al final se convierta en un estado de confort en donde no sepamos ni en principio la historia fundamental del lugar en el que vivimos.

Por ello invito y hago un extenso exhorto a toda persona en la que hasta este punto allá llegado y con el agradecimiento de antemano comento que no desistamos que seamos participes de las interrogantes que en parte hace la historia como lo es el ¡qué fue lo que paso!, quienes fueron estos!, ¡de donde surge todo ello!, es verdad lo que se cuenta!, ¡de donde viene!, ¡porque fue así!, ¡qué motivos fueron!, en fin infinidad de cuestionamiento en lo que podemos participar y ser parte de la historia. No se hace necesario el estudio profundo de la historia ni tampoco ser historiador, para que desde el principio encontremos ese sabor de satisfacción y alegría del querer saber más de los sucesos que nos marcaron y del porque nos encontramos aquí, todo ello solo con interés de SALVAR NUESTRO PASADO.

3. CRÓNICAS.

En este contexto anexaremos algunos hechos, costumbres y acontecimientos que aún se mantiene vigentes entre los habitantes de la ciudad de juan Aldama chihuahua, chihuahua.

Dando inicio en donde Aldama al borde de la desolación y el olvido. Tuvo la oportunidad de esa necesidad impecable de ser poblada, o más bien dicho, repoblada, por muchos de los habitantes que hoy en día se encuentran, así como la descendencia de los mismos para lograr darle lo que por hoy nos encontramos ese progreso que en definitiva no ha sido fácil, mas sin embargo, la resistencia y lucha de los hombres y mujeres de chihuahua se tiene por cuestión nato ha sido y será siempre impecable, sin dejar a lado la constancia misma para un bien común en una sociedad meramente inteligente.

Es así que en el transcurso del tiempo han llenado el lugar de historias, historietas, leyendas, fabulas y sin fin de secuencias que si bien es cierto no ha sido nada fácil, también lo es que se ha logrado ser una población estable con un desarrollo cultural, laboral y amen de todas la consideración que dan pie a que no solo sea un lugar en el mapa, si no que sea EL LUGAR en nuestra historia.

Así pues, que todo eso es lo que hace que sientas el calor en el ambiente por la hospitalidad de las gente, en donde si llegas a la casa de visita es típico cuando ofrecen el cafecito, o bien si llegas en la comida, te dicen MAS VALE LLEGAR A TIEMPO QUE SER INVITADO, y se te atiende espectacular y amablemente.

O bien no faltan los riquísimos domingos en donde se aprecian alrededor de la plaza principal, los diversos rostros de la experiencia y del tiempo en donde sin lugar a dudas, se les escuchas esas platicas de sus remembranzas y lugares que aún viven en sus recuerdos. Además de los eventos por las tardes en donde infinidad de gente acude para tomar una distracción y descanso a todo el diario vivir.

 Pues si ese es Aldama un lugar puro e inocente, en el que puedes sin lugar a dudas llegar sabiendo que recibieras no solo la excelencia como raíz, si no todo un manjar de emociones al recorrer tantos lugares en donde trasladaras tu imaginación a cada uno de los hechos acontecidos en el lugar, además de los lugares de confort que en ella se encuentra. Es así que Aldama se convierte en lo que por mucho se aclarece en cada amanecer como EL LUGAR, TU LUGAR.

4. IMÁGENES.

MONUMETO DE LOS MARTIRES DE ALDAMA

PLACA EN HOMENAJE A LOS CHINARRAS

ROSTRO DEL GRUPO INDIGENA DE LOS CHINARRAS

SANTUARIO DE GUADALUPE

SANTUARIO DE GUADALUPE IMAGEN 2

INSURGENTE JUAN ALDAMA

CONCLUSION

Es así que existen lagunas que nos encontramos en el camino y que por ende queremos, que de alguna manera, las resoluciones de todo lo que creemos saber, sean resueltas absolutamente a través de una exhaustiva investigación y quedamos anonadados de lo que nos encontramos en el camino. Puesto que más que solucionarse se incrementa nuestro asombro al saber que son infinitos los hechos y acontecimientos que embargan nuestra Historia.

Es por ello que lo que hemos experimentado aquí en el presente libro son hechos que por lo más que dejar en claro el hecho de toda una historia, es solo el inicio de lo que por hoy podemos mejorar y aprender sobre cada una de nuestras costumbres y creencias, y sobre una de las culturas y etnias indígenas más olvidadas de las historia y que sin duda alguna es y seguirá siendo uno de los eslabones de la cadena histórica más representativa de sus tiempos.

Empero que la ciudad de juan Aldama chihuahua, chihuahua, es una de las comunidades de tantas que guarda su parte del tesoro histórico que muchos deseamos extraer en beneficio de la verdad y en contra del olvido, puesto que como en ello y el resto del país existen comunidades con un gran tesoro que falta extraer en pro de la historia y de nuestros hijos al saber y conocer el despertar de lo que se ha pasado hasta el presente, hasta hoy en día, y guardar nuestras costumbres, nuestros lugares, que sin duda algunas son parte de nuestro espíritu.

BIOGRAFÍAS.

1.HTTP://SIGLO.INAFED.GOB.MX/ENCICLOPED
IA/EMM08CHIHUAHUA/MUNICIPIOS/08002A.HT
ML

2.HTTPS://WWW.BUSCABIOGRAFIAS.COM/BIOG
RAFIA/VERDETALLE/7926/JUAN%20ALDAMA

3.CHIHUAHUA ALMACEN DE TEMPESTADES

www.ingramcontent.com/pod-product-compliance
Lightning Source LLC
Chambersburg PA
CBHW052137150726

48002CB00006B/2653